装丁　櫻井久（櫻井事務所）
写真　松浦弥太郎
編集協力　青木由美子

contents

しごとのきほん100
5

くらしのきほん100
217

あなたのきほん100
427

しごとのきほん100

　前作『100の基本』を刊行後、当時『暮しの手帖』の編集長に就いていた僕は、『暮しの手帖』を作る上で、必要なこと、不必要なこと、するべきこと、しないこと、学ぶべきこと、改善するべきこと、チャレンジするべきこと、発明するべきことを、無我夢中で日々考え続けていました。
　そうしながら、成功と失敗を重ね、自分の基本とすべき大切なことであると確信を持てたことを、「暮しの手帖の作り方」としてノートに書き留めていました。
　それらは、日を重ねるごとに増えていき、３年ほど経ったときには100に届こうとしていました。
　そのときに、はっと思ったのは、仕事とは暮らしであり、暮らしとは仕事であるという、仕事と暮らしを切り離して考えていた自分を覆すような意識が生まれていることでした。そして、仕事も暮らしも、頭を使う作業ではなく、心を働かせて、大いに楽しみ、大いに学ぶことであると意識が変わっていたのです。そうして、「暮しの手帖の作り方」は「しごとのきほん」へと変化していきました。

仕事の基本とは、暮らしの基本でもある。暮らしの基本とは、仕事の基本でもある。これは、「しごとのきほん」を書き進めていくことで気づいた、いや、発見した新しい学びでした。

2015年４月にITベンチャーのクックパッドに移籍したことで、僕は、さらに仕事と暮らしの基本に向き合う機会を得て、これからたくさんのチャレンジに挑むためにも、改めて「しごとのきほん」をまとめようと思いました。

僕のある種の発明と発見が、あなたの仕事と暮らしの、お役に立てれば嬉しく思うのです。本書が、あなた自身の「しごとのきほん」を作る上での、きっかけになれば、さらに僕は嬉しく思うのです。

基本がいちばん楽しい。基本は繰り返すことで磨かれる。いつも基本が自分を助けてくれるのです。

「今日の新しさ」を毎日生み出す。

「今日、何を生み出すのか」を意識しましょう。アイデアでも整理の工夫でも、一日ひとつ「新しさ」を付け加えましょう。今までなかったものを生み出すほど、素敵なことはありません。放っておくと僕たちの毎日は「新しさ」から遠ざかり、やるべきことの繰り返しになります。新しさから遠ざかると成長はできません。年齢を重ね、プロになったならなおのこと。一日ひとつ「新しさ」を意識すれば、自分を新しくできるのです。

001

誰でも知っていることを。

日々の仕事に大切なものは、発見と発明、新しい工夫です。それでも、覚えておきましょう。誰でも知っていることこそ、一番強いテーマだと。誰でも知っているから、もう古いのではありません。普遍的なものの中に、無限の新しさが潜んでいます。よく知っている当たり前のなかに、「みんながほしいもの、みんなが知りたいこと」がある。新しい切り口で、普通のことを眺めてみることにしましょう。

002

ユニークで、楽しく。

すべての人が「もっともだ」と言い、「全員一致で大賛成」なんて、つまらない気がします。正しいことはいくらでも言えるし、間違っていると声高に責めるのは簡単。しかし、お互いの不完全さ、ユニークさ、人間らしさを見せ合ったほうが、もっと仲良くできるのではないでしょうか。人でも商品でも、面白くて楽しくないと、興味を持ってもらえません。「きちんとしている」からはみ出す愛しいユニークさを、僕らは魅力と呼ぶのです。

003

シンプルに、簡単に。

たくさんの機能がついていると、すごい。難しい言葉を使って話したほうが、信頼性がある。それははたして、本当でしょうか？　複雑さがクオリティを高めるというのは錯覚です。時間をかければ質が上がるというのは誤解です。大切なのは、余計なことをしないこと。「何をするべきか」ではなく「何をしないか」を考えること。シンプルで簡単なほうが人と共有できるし、トラブルが起きた時の軌道修正もスムーズです。

004

簡単はむつかしい。

特段、変わったところのない、簡単に見えることほど、慎重に取り組みましょう。「簡単＝安い」とか「簡単＝価値がない」とバカにしていたら、するっと足をすくわれます。簡単なことほど、実はとても奥深い。もともと複雑で難しく込み入ったものを、幾千の知恵と工夫によってととのえていった結果が、簡単なものなのです。「簡単はむつかしい」と覚えておくことにしましょう。

005

余裕がクオリティを高める。

クオリティを高める条件は２つ。時間の余裕と心の余裕です。常に追われている状態だと、目の前のことを処理するだけで精一杯になってしまい、クオリティにまで思い至らなくなります。時間と心に余裕があるから、プラスアルファの気配りができる。さらなる工夫ができる。100％を達成したあと、120％も150％も目指せる。余裕を持つためには肩の力を抜く。時間に追われるのではなく、先回りするくらいになりましょう。

006

仕事でなく「人」を見る。

どんな仕事でも、いつも「人」をイメージしましょう。目の前にいてもいなくても「人」のために知恵を絞りましょう。接客業でなくても、あらゆる仕事の先には人がいます。新しいものを生み出し、人とどう関わるか。その関わりを、どう改善し、さらに新しくするか。生産、接客、改善。この３つを繰り返すことが仕事の基本です。「この先に、人がいる」こう考えたら、どうすべきかが見えてきます。

007

スタートは、いつもゼロから。

これまでに知ったこと、確かめたことは、自分の財産だし宝物。だから、見えないところにしまっておきましょう。新しい何かをするとき、経験値をもとに積み上げていく仕事をすると、新しさは生まれません。効率よく見栄えの良いアウトプットはできるけれど、無難なものでしかありません。失敗を恐れず挑戦してこそ、学べるし、深まるし、広がるし、生み出せる。ゼロから始めるしあわせを、何度も、何度も、味わいましょう。

過去の成功をなぞらない。

パッと思いつく。「これはうまくいきそうだ」という感触がある。そんなときは要注意です。過去の成功をなぞっていないか、立ち止まって点検しましょう。過去の成功を焼き直したワンパターンから、次の成功は生まれません。自己模倣と自分らしさは別のものです。見たことも聞いたこともない新しいチャレンジをしても、その奥底に隠れていて、誰かから「あの人らしい」と言ってもらえる。それこそ、自分らしさではないでしょうか。

009

前例に頼らない。

何かを考えるとき、プロジェクトを始めるとき、意思決定をするとき。習慣のように「前はどうだった？」と調べてみてはいないでしょうか？　前例は単なる前例で、指針でも見本でもありません。前例にこだわっているとチャレンジができず、すでにあるもののバリエーションやマイナーチェンジ、悪くすれば自己模倣に終わります。

010

推理をして仮説を立てる。

目の前にあるすべてのことについて、「なぜだろう」と考え、想像力を働かせ、推理し、「もしこうだったら？」と自分なりの仮説を立ててから臨みましょう。「最悪のケース」という仮説があれば、精神的にラクになります。とっさの変更があっても、対応できます。ぶっつけ本番で「とりあえずやってみよう！」というのが大事な場合もありますが、いつものことではありません。

011

考えるときは本を読む。

「考える」とは、簡単そうで難しい。一人になり、静かなところに行ったとしても、雑念が邪魔をします。そんなときは本を読みましょう。文章に集中し、本の世界に入り込むことをきっかけに、集中力を高める。すっぽり入り込んだら、ふっと本から離れて考えごとを始めます。しばらく考えてくたびれたら、再び本に戻る。こんな読書と思考の散歩をしましょう。慣れてくれば膝の上に本を置くだけでも散歩ができるようになります。

012

たくさん、繰り返し、読書する。

「とにかく読む」という行為を基本中の基本としましょう。文字のなかでも特に本を繰り返し読みましょう。たくさんの量を読みましょう。読書とは受動的に見えて積極的なこと。人の人生の疑似体験であり、本を読まなくなると退化してしまいます。読書とは、状況を把握し、精度の高い客観的な意思決定のためのトレーニングです。迷った時、不安な時は、本を読んでみましょう。

013

ひらめきは文字に換えておく。

それは、ふわりと舞う羽よりも頼りないもの。ふと頭に浮かんだひらめきや考えは、いくら素晴らしくても抽象的です。現れては消え、消えては現れ、くるりと方向を変えて空中をさまよいます。何処かに行ってしまわぬように、ひらめきや考えは文字に換えておきましょう。紙に書いておけば視覚化し、どういう方向で進めればいいかも具体的になるものです。

014

いつもポケットに次のプランを。

今の仕事は大切ですが、動き出せば作業や処理が中心となります。そこに全部のエネルギーを注ぎこまず、並行して次のプランを考えましょう。「お願いします」と言われたことに手一杯でも、次のプランを練り、いつでもさっと出せるように、ポケットに忍ばせておく。新しいプランでポケットがふくらんでいれば、どんなチャンスが来ても、ふさわしいもので応えることができます。

015

種をまく。

今日一日を生産的な日にすることが仕事です。何かをかたちにしたり、達成したり、生み出したり、「やることリスト」をクリアするのは大切なことです。それと同時に、種をまいておきましょう。毎日、稔りを収穫するには、毎日、種まきが必要です。今すぐかたちにならないもの、役に立つかどうか不確かなことを、少し多めにやっておく。遠い日の大きな稔りのために、毎日の種まきという投資をしておきましょう。

016

準備したものに、とらわれない。

準備は大切ですが、とらわれるのは考えもの。すべては相手あってのこと。若い人を想定してプレゼンの準備をしたとき、もしかしたら年配の人が多いかもしれない。女性と商談をするつもりが、担当者は男性かもしれない。それでも構わず、準備した原稿を読み上げたらどうでしょう？　準備したものにとらわれず、状況に合わせて話を変えましょう。逆説的ですがそのためには、たくさんのプランを準備しておくことです。

017

グラウンドで起きていることを見る。

スコアボードを見て、結果だけ知っても、どんなゲームかは理解できません。仕事でも結果だけ見て、「これはああだった」「これはいい」「ここは直さなきゃ」と決めつけるのはやめておきましょう。最後に結果が出るまでに、グラウンドでいったい何が起きたか？　自分の目で現場を見ておかなければ、あらゆる話が机上の空論になってしまいます。

018

しっかりと向き合う。

なんにせよ、ものごとにどう向き合うかで、自分に入ってくることは違ってきます。まっすぐに向き合っているか、ちょっと斜めなのか、横にいるのか。自分でいくらでも調整できるから、ついつい外してしまいがちですが、まっすぐ、正面から、しっかり向き合うことを心がけましょう。まともに向き合わずにいる姿勢は相手に伝わり、不安に思わせたり、傷つけたりしてしまいます。

019

前進は一歩ずつ。

一段抜かしは効率がいいし、何段も軽く飛び越えていくのは格好がいい。そんな気がすることはよくありますが、どうやら間違いです。焦らず、じっくり、一歩ずつ前進すること。飛ばしたり、はしょったりしたくなる心をたしなめ、我慢して歩んでいくこと。学びでも、経験でも、一歩ずつ踏みしめてこそ、身につきます。

020

失敗しないための「３つの準備」。

失敗したくないなら、３つの準備を忘れずにしておくことです。第一に段取りを決め、確認しておく。第二に用意をしっかりし、何度も点検する。第三にスタートは早めにし、先手を打つつもりで。こうして下ごしらえをして、いざ行う段になったら、ていねいに、入念に。「なあんだ」と言うほど基本的なことですが、このルールを守ることはむつかしい。だからこそ、今日も３つの準備を。

021

「改善」を仕事にする。

今の自分のありったけをつぎ込んだ「最善」ができたとしても、おしまいにはなりません。常に改善を続けましょう。おかしなところは何度も修正する習慣をつけましょう。いったんアウトプットしたものを改善していけば、「最善」のレベルが上がります。常に改善できると思えば気持ちもラクになり、アイデアを実行しやすくなります。

022

逆算からスタートする。

期日がないものは、仕事ではありません。締め切りや納期について、誰かに言われていてもいなくても、自分から積極的に期日をつくりましょう。ふさわしい期日を決めたら、そこから逆算して、やるべきことをピックアップ。「これをやるには、どのくらいの日数が必要なのか？」と考えていき、期間を決めても良いでしょう。時間軸がくっきり見えれば、自分で考え、行動に移すモチベーションになります。

023

「とりあえず」と言わない。

ささいなことではあるけれど、この言葉を使わないようにすると、すてきになれると思うのです。「とりあえず」とは、つまるところベストでもベターでもないため、ネガティブな印象があります。会議の結論から飲み物の注文まで、「とりあえず」ですませる習慣を、なくしていきましょう。

024

早い返事は福を呼ぶ。

「返事は早く」を大原則としましょう。打てば響くような俊敏さをもつよう、日頃から自分を整えておきましょう。「一日考えてからお返事します」というのでは、チャンスは逃げてしまいます。運の良さはタイミングの良さとつながっているから、早い返事が肝心なのです。

025

集団思考に気をつける。

組織にずっといると、ものごとを判断するフィルターが二重になります。自分というフィルターと、会社というフィルター。「自分としては○だと思うけれど、会社としての判断は×だな」となるのです。チームワークは大切ですが、自分のフィルターを捨てないこと。集団思考に流されないこと。たとえ採用されなくても、自分の意見ははっきり表明した上で決定に従うようにすれば、後で悔やまずにすみます。

026

売りものは自分。

何を作るのでも、何をするのでも、何を売るのでも、みんな同じです。仕事で大切なのは、自分という人間を信用してもらい、自分という人間に価値を見出してもらうこと。「ものを売るより、まずは自分を売れ」とは使い古しの言葉だけれど、それだけに真実です。信用さえしてもらえれば、どんな仕事でもうまくいくでしょう。

027

まじめさに逃げない。

「とにかくまじめです」をアピールポイントにしているのなら、ちょっと考えたほうがよさそうです。まじめさとは標準であり土台。そこに自分の知恵、工夫、能力、がんばりで、どんな色をつけていくかが、仕事をして価値を生み出すということです。まじめさに逃げ込まず、一歩踏み出す積極性をもつ。はじまりは、そこからです。

028

数字から逃げない。

「数字に弱い」「計算が苦手」と口にしてはいないでしょうか。実際に不得手な人が多いため、定番の言い訳や、罪のない常套句になっています。しかし、人と情報を共有するには数値化が必要。数字で計りきれないことはたくさんありますが、数字でわかることもたくさんあります。苦手であればなおのこと、数字から逃げないで。

029

重荷を避けないように。

年齢を重ね、責任が増えれば、ただでさえ荷物は重いのです。明らかに大変なことが目の前にあれば、「やりたくない」と避けるかもしれません。しかし、重荷を避けていたら、重いものを持てない人間になっていきます。軽いものだけで生きていくと力が衰え、学びがなくなり、薄っぺらな人間へと衰えてしまいます。それは確かに重たいかもしれませんが、持てない荷物ではないのです。

030

できないとは言わない。

「できない」という返事は、真っ黒なフェルトペンみたいに「できる可能性」を塗りつぶしてしまいます。難しい仕事を指示された時、「できない」と答える前に、「どうすればできるか？」「いつならできるのか？」を考えてみる。そのうえで出てきた答えを口にしましょう。「できない」と言ってしまうと、その後は声をかけてもらえなくなります。

031

自分の限界を作らない。

自分のキャパシティを知ることは大切ですが、キャパシティと限界は違います。物理的な時間、体力、持てるもの、つきあえる人といったキャパシティの限界を知り、セーブすることは必要ですが、能力の限界を決めてしまうと、できることもできなくなります。自分のキャパシティについては大人のように、能力については育ち盛りの子どものように扱うのが、ちょうど良いバランスです。

032

文句は後回し。

何か問題が起きると、ぱっと防御の姿勢になります。問題から距離を置いたら、今度は文句が出てきます。「なぜ、こんな目にあうのか」「原因はあれだ」と。文句は言いたくなるものだし、理屈が通った正しい文句もあります。しかし、文句に問題を解決する力はありません。何か起きたら、自分から動きましょう。とにかく問題を解決するまで文句は後回しです。唇を、ぎゅっと結んで。

033

あれもこれも望まない。

欲張ってあれこれ望むと、そのために余計な言動をせざるをえなくなり、無理がかかります。それでも自分の望みどおり、多くを手にできることがあるかもしれませんが、たいていは一時的なもの。結局、欲張って無理やり得たものは、実がないのです。自分にちょうどいい以上は望まない。さあ、堅実にいきましょう。

034

一石二鳥に注意。

「一石二鳥だな」と思ったら、手を出さないと決めておく。これはマナーであり、自分を守る知恵です。チャンスは重なって起きるもので、「こっちとあっち、両方手にしても誰にも責められない」というシーンが訪れます。でもそれは、宇宙のテストで、試されているときでもあります。一石二鳥はたかが二鳥。桁外れの大成功をしている人は、一つしか取らないたしなみを知っています。

035

自分のスイートスポットを知る。

百発百中、ヒットを打てることなどないのです。全部の球に手を出さず、自分のスイートスポットを知りましょう。得意なこと、世の中の役に立ちそうなこと、相手の期待に応えられそうなことかどうかを見極め、ここぞというボールが来たときにスウィングしましょう。無理をして「なんでもやります！」と言うのは「何もできません」という宣言と同じです。

036

失敗の研究をしよう。

たいていの失敗は自然消滅し、うやむやになっています。やろうとしてできなかったのに、なかったことになる。こうして失敗を忘れると、繰り返し同じ失敗をします。だからはっきりと「失敗した！」と認定しましょう。原因を研究すれば失敗のパターンがわかり、失敗しなくなります。「なぜよかったか」と分析をするより、成功の確率が高まるのです。成功している人は、ありとあらゆる失敗をし、それをちゃんと研究した人です。

037

最初は大切、終わりも大切。

「こんにちは」という挨拶はちゃんとできるのに、「さようなら」を忘れてしまう。始まりは意識しても、終わりがおざなりになることがよくあります。「始めが肝心」は本当ですが、終わりも同じくらい肝心です。会議なら結論を出す。作業ならけじめをつける。最後に思いやりを付け加える。自然消滅的にフェイドアウトしていくのではなく、自分できちんと線を引きましょう。

038

質問をする。

わからなければ、聞く。知っていることも、聞く。謙虚で素直であれば、人はなんでも教えてくれます。年を重ねていればなおのこと、たくさん質問をしましょう。質問とは、人から学ぶ術であり、仕事の質を高める秘訣です。あらゆる仕事の先には人がいるから、答えは人がもっています。自分の内側のクリエイティビティを取り出すより、誰かが本当に欲しがっているものを質問して聞き出すほうが、ずっと実りが多いものです。

039

専門家を側に。

とうてい、どうやっても、自分にはできない！プロフェッショナルに任せるべきことは、たくさんあります。自分ですべて頑張ってやるのではなく、専門的に長けている人に助けてもらいましょう。細やかにコミュニケーションをとり、いざというときには、貴重な知恵と力を貸してもらいましょう。弁護士、システムエンジニア、介護のプロ、いろいろな専門家と普段から仲良くすると、潰れずにすみます。

040

部外者の口出しを歓迎する。

「関係ないのに余計なことを言わないでください」「何もわからないのなら、口出ししないで」。こんな言葉を口にするとき、そのプロジェクトは行き詰まっているのではないでしょうか。まったくの部外者の客観的な視点は、常に大事なもの。先入観も予備知識もない意見やアドバイスを取り入れてこそ、アイデアがふくらみ、企画が立体的になります。距離のある人の率直な意見に耳を貸す余裕をもつことです。

041

計画と地図を書く。

もしも山に登るなら、行程表と地図を書くでしょう。暮らしにおいても同じこと。ビジュアル化し、目で確認しておくのは大切です。旅でも片付けでも習い事でも、自分のプロジェクトを立ち上げたなら、紙に書いてみましょう。どんな計画かをざっとまとめたら、それを進めていくプロセス、言ってみれば「地図」を書く。書いたものをじっくり眺め、無理なくできるかを調整しましょう。

042

人脈に頼り過ぎない。

とにかく多ければ多いほど良いと、名刺を集める時代はすぎたような気がします。人脈が広がりすぎると関係性が空洞化するので、「名刺を見ても顔が思い浮かばない」という人は、整理していきましょう。「何かのときのために」と思うかもしれませんが、これほどつながりやすい時代です。必要が生じたとき、会いに行く手立てはたくさんあります。

043

読み終えた新聞のたたみ方。

新聞が古新聞になるのは、読む人がいなくなったとき。自分が読み終えても次に読む人がいるならば、まっさらな新聞でなければなりません。何をやるにしても、その先には人がいます。次の人が気持ちよく読めるように、会社でも家でもホテルのロビーでも、新聞をきれいにたたんで戻すこと。ゴミを捨てるときは集める人を、トイレを使うときは次に使う人を、困らせないように思いやること。ささやかだけれど、忘れてならないことです。

044

関係ないことはない。

忙しさに紛れて、まわりのことに無関心になる。「あれ？」と思っても見て見ぬ振りで、「関係ないや」と切り捨ててしまう。この繰り返しで、自分の世界が閉ざされ、小さくまとまってしまいます。関係のないことは何もありません。何かをすれば、何かに影響を与えるし、何かができるのは、誰かのおかげです。むしろ積極的に人に声をかけましょう。フットワークも軽やかに、自分から関係をつくりにいきましょう。

045

伝え方は面白く、美しく。

仕事はコミュニケーションのひとつです。用件だけ、要点だけでうまくいくはずもありません。伝え方には、いつも面白さを。同じビジネスメールでも、ユニークネスをひとさじ加えることでより深く意図が伝わります。企画書は内容が一番大切ですが、レイアウトの見やすさ、文章の美しさがなければ、内容が伝わりません。人は、面白いものと美しいものに引かれます。文章も会話も、伝え方はいつも面白く、美しくしましょう。

046

紙芝居のように仮説を立てる。

仮説を立てるときは紙芝居を作りましょう。手書きの図とメモの紙芝居が面白いかどうかで、うまくいくかを探ります。言ってみれば起承転結です。１枚目は「プロジェクトの立ち上げ」というお話。２枚目は「立ち上げを受けてすべきこと」。３枚目は「思いもよらない事態」だったり「誰かを巻き込むこと」だったり。４枚目の結末も考えます。仮説を紙芝居にすると理解が深まり、人に説明しやすく、プロジェクトにリズムができます。

047

情報発信としての「報・連・相」を。

独立した一人ひとりが、決して依存し合わないけれど、協力しながら、同じ方向に進んでいく。たいていの仕事はチームであり、チームはこんなふうに動いていきます。まわりの人と忘れずに情報共有しましょう。「あれはどうなってるんだろう？」と不安にさせる前に報告し、「何なんだろう？」と誰かを置いてきぼりにしないように連絡し、「大丈夫かな」と心配させる前に相談しましょう。「報・連・相」も立派な情報発信です。

048

考えてから口を開く。

考えながら、話していませんか？　言いながら、考えていませんか？　言いたいことは何なのか、自分がわかっていないのに見切り発車で話し始めるのは、コミュニケーションのマナー違反です。仕事の指示、連絡、報告、提案。何にしても「自分が言いたいこと」をしっかりと自覚して、準備を整えてから話しましょう。

049

「こちら都合」をやめる。

相手の気持ちも事情もわかる。それなのに「でも、こうなんですよ」と、こちらの都合で物事を収めようとしていませんか？　仕事なのですから、無償で尽くすのは無理だし、過剰サービスはひずみが出るし、ビジネスは厳しいもの。お金も時間も、会社の事情もあります。だからこそ、相手を優先して考えましょう。放っておくと「こちら都合100%」になってしまうから、相手都合を意識して、バランスをとりましょう。

050

断れるようにお願いをする。

お願いごとをするときは、相手が断れる余地を残しておきましょう。「力を貸してほしい」という自分の都合を目一杯に詰め込まず、「悪いけど」と相手が断りやすいように、逃げ道を用意しておく。むつかしいことですがコミュニケーションのマナーです。断ったことで関係が気まずくなったら本末転倒。想像力を働かせ、七割の情熱と三割の思いやりでお願いをすることです。

051

小学生が見てもわかる図表を。

「小学生が見てもわかるように」。これを合言葉にしましょう。数値やデータなど、仕事には図表がつきもので、コンピュータがあれば高度な表がつくれます。立派な表がある書類は見栄えがよく、作った達成感もあります。しかし、本当に見やすいでしょうか？　不要のコピー用紙の裏を使った手書きの折れ線グラフでも、わかりやすい説明はできるのでは？　見栄えとクオリティは別のもの。見る人の立場になってつくりましょう。

052

動機はストーリーで伝える。

前に進んでいくときになくてはならないのは、動機というエンジンです。「なぜこれをやるのか」という動機をはっきりと伝えなければ、人は一緒に進んでくれません。なぜこれをやるのか、ストーリーを語りましょう。ボタンの掛け違いが起きないように、背景まで語りましょう。人を動かすものは感情です。要点だけまとめたリストでなく、思いを込めたストーリーを語ってこそ、動機がちゃんと伝わります。

053

人に話しかけるように書く。

文章を書くコツは、「上手」という言葉を忘れること。名文でなくていいし、難しい言葉もいりません。親切に、思いやりを込めて、人に話しかけるように、わかりやすさを第一に。「これくらい知っているだろう」は禁物です。目の前にいる人に話しかけるように、文章の先にいる誰かを思い浮かべて書きましょう。

054

協力する。

自分の仕事に全力を注ぎ、責任を持つのは大切です。お互いの持ち場を尊重し、干渉しないのも正しいことです。だからといって、人の仕事やまわりの状況に無関心という態度はやめましょう。協力というスイッチを自分の中に持ち、いつでもオンにできるようにしておくことです。

055

よいところを見つける。

この世界にたくさんの素晴らしさがあったとしても、見つかるかどうかは、その人次第です。すてきなところ、美しいところ、愉快なところ、何かしらよいところを見つけましょう。仕事で会う人のジャケットでも、ルーティンの仕事の一部分でも、目を凝らせばよいところが見つかります。よいところの見つけ上手な人は、ほめ上手。見つけたよいところは、言葉にして相手に伝えましょう。

056

短く叱る。

叱ってもらえないと、不安。たっぷり叱られると、落ち込んで心が折れる。人の心は、やわらかくできています。後輩や部下がいるなら一日一度、あえて注意やアドバイスをしましょう。心が傷つかないように短く、「ちゃんと見ていますよ」というメッセージを込めて。相手が安心できる言い方で伝えましょう。

057

ほめる、たたえる、認める。

仕事の仲間、上司や部下、チーム。人と一緒にやっていくなら、とにかくいいところを見つけてほめ、今やっていることをたたえ、過去にしてきたことを認める。ほめ言葉、たたえる言葉、認める言葉をはっきりと表現する。これがチームワークの極意であり、人間関係の基本です。どんな人でも、ほめられると元気がわいてきます。

058

相手の名前を口にする。

会話の中に、相手の名前を入れましょう。取引先でも、親しい同僚でも、名前を呼びながら話しましょう。初対面なら自分の名前を覚えてもらえるのがうれしいし、よく知った間柄なら、ちゃんと認めてもらっている気がします。「そうですよね、〇〇さん」と名前を会話に混ぜ込んでいく。人を喜ばせるという、大人の作法の一つです。

059

しあわせの範囲を広げる。

仕事とは、誰かの大事なお金をいただくことです。「気が利いてる」と喜んでもらうように知恵を絞りましょう。本当に人が必要とするものか、想像力を働かせましょう。「User First」という言葉は働く人のお守りです。お客さまを優先するとは、広い範囲の誰かをしあわせにすること。自分だけしあわせでも、つまらない。家族や友だちだけでは、さびしい。社会にしあわせを届けることが、仕事の楽しさとなっていきます。

060

正しい方法で。

どんな方法を選ぶか考えるときには、それが正しい方法かどうか自問すること。何が正しいのかはとても難しいけれど、いろいろな角度から眺めてみて、自己都合ではないか、自分優先ではないか、自分のエゴが表れていないかを点検しましょう。こう考えると正しい方法というのは、愛があるかどうかかもしれません。

061

相手にとっての「メリット」を考える。

「自分がかかわる人に何を差し出せるか」を仕事の原則にしましょう。相手にとっての「メリット」を考え、自分との関わりでそれを得られるようにする習慣を身につけましょう。「ギブ・アンド・テイク」でもなく、「フィフティ・フィフティ」でもなく。リターンを求めたり、お返しを欲しがるのは、なんだか違う気がします。何も要求せず、自分から与えることで生まれる大きな力が、ものごとを成功させるヒントとなります。

062

「正しさの城」で孤立しない。

ポリシー、理念、主義を大きな旗のようにかかげ、自分の城を築いてしまうと孤立します。独自の考えは大切ですが、正しさにこだわり、流儀にしがみつき、違う意見をかたっぱしから否定すると、人とかかわるゆとりが削ぎ落とされてしまいます。孤独とは、誰もが持って生まれた宿命ですが、孤立とは、自分から関係を断ち切る行為。孤立した城の末路は、たいてい悲劇と決まっています。

063

決着はつけない。

自分は白と言い、相手は黒と言う。そんなときに決着をつけても、コミュニケーションのゴールにはなりません。仕事も人間関係も、一話完結ではありません。ここで白黒つけたところで、次の物語につながっていくのです。すべて自分の思うがままにいくわけがなく、勝っても負けてもしんどくなります。「決着をつけなくてもいい」と知れば、新しい知恵が生まれ、話し合いが有意義になります。

064

敵こそ味方。

なにかと攻撃してくる人。否定するようなことをいう人。もしも敵のような人がいたら、大切にしましょう。「敵こそ味方」と考えましょう。敵は自分に刺激や学びを与え、真実を伝え、時には奮いたたせてくれます。「あの人は敵」と避けるのではなく、敵という存在があるからこそ、自分は学べるし、成長できると知りましょう。

065

批判と反対意見を大切に。

自分が「よい」と思ってやっているのですから、批判や反対意見はしんどいもの。しかし「よい」を「もっとよい」にしたいのなら、勇気を出して受け止めることです。辛くても、ショックでも、批判や反対意見には真実が含まれ、成長するためのヒントも潜んでいます。逆にほめ言葉はやさしい嘘も多いし、今していることを、ちょっぴり膨らませるくらいの効果しかありません。

066

自分一人でできることはない。

若い頃は多かれ少なかれ、なんでも自分一人でやろうと思い、なんでも自分でできると勘違いしています。ところが時を経るごとに「自分一人でできることなんて一つもない」と気がつきます。すると自分都合で物事を考えなくなり、人に何かを押しつけなくなり、人の思いや気持ちに耳を傾けられるようになります。人の力を借りなくては、自分という存在は成り立たない。この事実をしっかりと知っておきましょう。

067

いつも発信源であれ。

自分で見つける。自分で工夫する。自分から発案する。この3つは、誰かから必要とされる「価値ある存在」になるための基本姿勢です。ブログやSNSをやっていてもいなくても、自分の経験から生まれた知恵を、いつでもさっと取り出し、前向きなコミュニケーションをとりましょう。情報があふれている時代だからこそ、自分で集めた情報、知恵を絞った工夫、惜しみない発案が、貴重な一次情報となります。

068

正確なことを口にする。

「みんながいいと言っています」の「みんな」とは誰？「たくさんの人が困っています」の「たくさん」とは何人？　もしかしたら偶然耳にした情報やウェブのうわさ、限られた人の声かもしれません。雰囲気や感触で意見を口にするのは危ないことです。説得力を演出したり、通に見せかけたりするために、安易なことを言うと誤解が広がります。「正確であること」を吟味してから、情報発信しましょう。

069

誰を信じるのか。

少ない時間で情報収集するときは「人ありき」がポイント。「経済についてはA新聞」とか「環境問題についてはこの人のウェブ記事」といったように、信用できる人の意見で情報を選択します。情報が溢れる世の中で、全部を見るのは不可能ですし、正しいものと間違っているものを見極めるのは難しい。だからこそ「発言を定点観測するなら誰にしよう？」と考え、決めておくと有益です。

070

私を主語にして話す。

プロジェクトや世の中の動きについて話し合うとき、自分の意見の主語は自分にしましょう。「私はこう思う」「僕はそれをやってみた」と、きちんと主語を入れましょう。いろいろな情報があり、さまざまな人の意見を取り入れやすい時代だから、ついつい「〜は○○なんですよ」などと主語を抜いて話してしまう。聞く人は「それはあなたの意見？　それとも新聞に書いてあったこと？」と混乱してしまいます。主語をつけて話すことで、信頼と責任が生まれます。

071

評価されているものを知っておく。

食べ物、商品、サービス、文化、技術。世の中で評価されているものは、興味があってもなくても、知っておくこと。これが仕事の基礎知識となります。「いまの世の中の水準はこれだ」とわかれば、自分の仕事のヒントになり、モチベーションも上がります。深掘りするのは大変ですが、まんべんなく知っておくなら、新聞が良い情報源。友だちとのおしゃべりも、気づきとなります。

072

目を引くものを疑ってみる。

店頭で山積みになった新製品。さかんに流れるコマーシャル。あらゆるウェブで話題になっていること。明らかに目を引くものがあったら、「すごい！」と素直に受け入れるのではなく疑ってみましょう。「嘘だろう」と否定するのではなく、「なぜ、みんな興味を持っているのか？」「なぜ話題になのか？」「どこがすごいのか？」と仕組みに興味をもつのです。科学者になったつもりで、じっくり観察することです。

073

寝る前に「翌朝の顔」をつくる。

夜、ベッドに入る前に翌日のスケジュールを確認すれば、安心して眠れます。たとえば大事な会議があり、服装に注意しなければならないことを当日の朝に知るのか、寝る前に知るかで、心持ちは違います。会社に行くだけでも、「今日は人に会う」という顔と、「今日は社内でデスクワーク」という顔は違うはず。寝る前に予定を確認すれば、寝ている間に翌朝の顔ができていて、起きた瞬間から、迷いなく行動できます。

074

朝こそ、ゆったりと過ごす。

朝は忙しく、みんな効率を求めます。走ったり勉強したりしたいし、何もしない場合も素早く支度しようとします。これを当たり前としているのなら、朝こそゆったり過ごしましょう。パンとコーヒーだけでも、時間をちゃんととって食べる。家族と話したり、物思いにふけったり、何か書いたりする。朝、１時間ゆったりするだけで、１時間多く眠るよりリラックスし、一日が活性化します。

075

大切なことは午前中に。

成功している人や、すごい人は、口を揃えてこう言います。「重要なことは午前中に終わらせなさい」。よく言われることだからこそ、普遍の真理。肝に銘じておきましょう。集中力のある午前中に、大切なことを終えておく。午後になると体は疲れるし、意思決定の能力も落ちるもの。年齢を重ねれば重ねるほど、このルールを守ることです。

076

自分を避難させる場所をもつ。

自分に立ち返り、自分を落ち着かせる場所。じっくり何かを考えたり、リラックスしたりする場所。自宅の部屋でも公園のベンチでも、本屋さんでもカフェでも、のんびり歩ける道でもいい。そんな「自分を避難させる場所」をもちましょう。人はそれほど、タフな生き物ではありません。ときには避難場所で、じっとしていていいのです。

077

スタンダードを下げないように。

いつも通っている、とびきりおいしいコーヒーの店で、普通のコーヒーを出されたら、がっかりします。お店でも仕事でも人でもそれぞれのスタンダードがあり、その水準を下げないことがプロッフェッショナルではないでしょうか。自分の今いるステージから降りないこと。できればさらに上のステージに登るよう、努力すること。下に行けば楽になるぶん、楽しさもやりがいも失われます。

078

休まないために休まない。

仕事というのは、毎日のこと。続けることに意味があります。体調を崩して休むというのは、不本意な中断となります。だからこそ、健康管理は大切な仕事のうち。病気になって休まないように、健康をキープする努力を休まず続けることにしましょう。ランニング、ストレッチ、ヨガ、早寝早起き、睡眠、よい食事。自分なりの健康習慣を、毎日続けていきましょう。

079

上手な休み方。
「質のいい休み」をとる。

質のいい睡眠と同じように、質のいい休み方もあります。一日中パジャマのままゴロゴロしていれば休まるというものではありません。リズムが崩れ、体調を崩しかねません。はめを外して遊んで「月曜は風邪で病欠」というのも、働く人として論外でしょう。休みの日も早く起き、きちんと着替え、三食食べて、早めに床につきましょう。体と気持ちをリラックスさせるのです。「だらける」と「休む」は、まるで異なるいとなみです。

080

目線を変えてみる。

仕事をしていてスタックしたら、ポン！と目線を変えましょう。「このプロジェクトの担当の私」ではなく、アルバイトの人の目線、自分の上司の目線、社長の目線、お客さまの目線、おばあちゃん、子どもの視線で考えてみる。上だったり下だったり、横だったり斜めだったり、目線を変えてみると、行き詰まりを打ち破るヒントが見えてきます。

081

ふだんしないことを。

むつかしいこと、困ったこと、大変なことの当事者になって困り果てたら、「問題の迷路」にはまっています。迷路から脱出するには、ふだん行かないところに行き、ふだんしないことをやってみるといいのです。乗馬を初体験、10年ぶりのゲームセンター、着たことがない色のセーターを買う。気分転換でリフレッシュすると、問題は解決しなくても、糸がほどけるかもしれません。

082

自分の顔つきを知る。

もしかしたら、自分で自分の顔を見る回数より、誰かに見られる回数のほうが多いかもしれません。毎日、人とかかわっているのですから、自分がどういう顔つきをしているのか、よく知っておきましょう。緊張しているときに「怖そうだな」と思われたり、考えごとをしているときに「ボーッとして退屈そう」と思われたりする顔つきをしていないか。鏡を見なくても、今どんな顔つきをしているか、わかるようにしておくのです。

083

自己紹介は、日々アップデート。

自分というのは、日々変化します。昨日から今日で劇的に変わらなくても、転職で変わる、引っ越しで変わるという変化から、年齢で変わる、感じ方で変わる、付き合う人で変わることもあります。今の自分を知り、どんな自分を伝えたいかを吟味し、最新の自己紹介にアップデートしておきましょう。経歴というより「今、考えていること」と「これからしたいこと」をセットにして紙に書いておき、つねに見直す習慣をもちましょう。

084

うまくいかないときは力を抜く。

思うようにいかなかったり、アクシデントが起きたり、疲れてしまったり。誰にでもあることですが、もどかしくて焦ります。なんとかしようとムキになります。うまくいかないときは力を抜きましょう。冷静になれるし、なぜ、こんな状況になったのかを理解できます。がんばり続けて、ぺしゃんこにならずにすみます。すぐれた人はみな、力の抜き方がとても上手。リラックスしてから、解決に向かいましょう。

085

15分の休憩を。

休憩上手になりましょう。休むのは怠けることとは違います。「食事もとらずに、ぶっつづけでがんばった」と誇ったところで、質はどうでしょう。やっつけ仕事になっているかもしれません。休憩も仕事うち。たとえば「２時間集中したら必ず15分休憩する」というようにルールを決めます。席を立つ、手を洗う、歩く、コーヒーを飲む。これだけで次の２時間の効率がぐんとあがります。

086

怒らないこと。

誰でも自分の内側に、感情をたたえた小さなプールをもっています。カチンときたら波立つし、プライドが傷つけば沸騰するし、自分の大切な領域を侵害されたらうねりが起きます。かくして怒ってしまうのですが、怒ったところで解決するでしょうか？　なにかいいことがあるでしょうか？

「怒らないこと」を日々の課題としましょう。昔の人が言うように、むっとしたら10数え、心のプールが静かになるのを待ちましょう。

087

本気であれ。

なんとしても成功したいなら、本気になること。本気になれるかなれないかが明暗を分けます。状況を変えるのも、物事を動かすのも、人の心をゆさぶるのも、本気の力。「すべてを賭けて失敗したら怖い」と腰が引けていては本気になれないし、「そこまでしなくても」と冷めていてもだめ。かといって熱く燃え上がると、継続しません。じっくりした地下熱みたいな本気を、ずっと持ち続ける。本気な人に、できないことはありません。

088

自分の一生けんめい。

うすうす気づいている人も、いることでしょう。一生けんめいな姿というのは、実はたいそう格好悪いと。精一杯で必死な姿は余裕がないし、クールとは程遠く、ぶざまであることもしばしばです。それでも一生けんめいな姿を、照れずに、恥ずかしがらずに、さらけ出しましょう。「自分は今、どういうふうに見られているのか」なんて気にならないくらい、夢中になりましょう。

089

いつも初心者であれ。

初めていまの職場に出勤したときの緊張感。慣れないなかで、一生けんめいになった初々しい気持ち。ぎごちなくて、戸惑ったとしても、その気持ちを忘れずに、いつも初心者でいましょう。慣れてくれば慣れてくるほど、初々しさを大切に。いつも初心者であるとは、「まだ、いくらでも学ぶことがある」という姿勢。これから成長するのですから、謙虚で若々しくいられます。

090

花は根を見る。

うつくしい花が咲いているとき、その花のうつくしさに見とれ、憧れても、自分の花を咲かせることはできません。その花が咲くために、根っこがある。土の中に張り巡らされた根っこの部分に、想いを馳せましょう。目には見えない努力や奮闘を考える。これこそ、学びの原点です。ぱっと目につく花の美しさより、しっかりと大地につながる根の精緻さに、たくさんの秘密が隠れています。

091

足りないのは自信。

「これはすごいね、本格的にやってみたら？」と言われたとき、「いえいえ、全然だめです」と首を振る。アイデアは生み出せるのに、いざ、行動に移すとなると尻込みする。失敗が怖くて、つい保守的になってしまう。こんな人に足りないのは、経験でも実力でもなく自信です。自信とはうぬぼれではなく、自分を信じること。「大丈夫。きっとできる」と、自分で自分を励ましましょう。

092

心配しても、臆病にはならない。

悪いほうへ、悪いほうへ想像力を働かせすぎると、臆病になります。あらかじめ、うまくいかないケースも想定することは大切ですが、最低最悪のイメージトレーニングを繰り返していたら、何もできなくなります。心配はしてもいいけど、臆病にならないようにしましょう。

093

勝ち負けから距離を置く。

「人がやっていることは、やらない」こう決めてしまうと、勝ち負けの渦に巻き込まれずにすみます。ライバルが多く競争の激しい仕事は刺激的だし、高め合うことは大切ですが、勝ち負けでエネルギーを消耗することも事実。誰もいない道なき道をゆけば、勝ち負けとは無縁でいられます。コンディションが整った状態で、自分が目指す場所に歩いていけます。人がひしめいていたら「どうぞどうぞ」と譲ってしまいましょう。

094

勇気を出して逃げる。

何事からも逃げず、最後までやり通すのは、大切な基本姿勢です。そのうえで、「逃げる」というカードを捨てずにおきましょう。逃げなければいけないときは、勇気を出して逃げましょう。格好悪くても、弱虫と笑われても逃げる。義理を欠いても、誰かに嫌われても逃げる。用心深く状況を見極め、生き物としての勘を働かせ、そっと歩いて逃げることです。自分が命拾いをするばかりか、大切な人を守ることもあるはずです。

095

独立思考を身につける。

人にも組織にも社会にも依存しない。いつも自分ひとりで、どこにも寄りかからずに立ち、どこへでも歩いていけるようにしておくこと。どんな会社も求めているのはこんな人です。自分で判断し、自分で決め、自分で責任を負う独立思考を身につければ、いつでも素早く動けます。「上司に聞いてから」「みんなで話し合ってから」とじっとしていたら、取り残されてしまうことでしょう。

096

肩書をはずしてみる。

働く人なら誰しも、「自分＝○○社の○○部」と肩書で自分を定義してしまうことがあります。本当は、家族の中の自分、友達の中の自分、社会の中の自分という、複数の関係性の中心に存在しているはずなのに。自分を「今の会社」に過剰に合わせるのはやめておきましょう。能力の使い道が限定され、選択肢が減ってしまいます。違う関係性の場でも、違う会社に移っても、「自分の使い道」があるようにしておきましょう。

097

運を味方につけること。

いつも笑顔であること。徹底して前向きであること。人に与えつづけること。運を味方につけたいのなら、この３つを守りましょう。実力は大事だし、努力は欠かせない。でも、時には運も必要です。運に味方をしてもらうために、「笑顔、前向き、与える」を基本としましょう。

098

ときには負けろ。

すいすいと、自分の思うように物事が進む。いいことばかり続く。なにもかも順調で、うまくいっている。そんなときには、わざと小さく転んでおきましょう。大きなプラスがあれば、あとから大きなマイナスが来るものだから、バランスをとっておきましょう。好調なときはハイペースになっているので、あえてペースダウンする効果もあります。

099

君はそれがやりたいかい？

やるか、やらないか。何かを頼まれたとき、誘いを受けたとき。もしも迷いが生じたら、計算で答えを出してはいけません。損か得か、お金になるかならないか、キャリアに役立つか、義理があるか。そんな計算はやめにしておきましょう。目を閉じて自分に聞きます。「君はそれをやりたいかい？」。答えがノーならすぐ断る。「やりたい！」なら、無謀でも、リスクがあっても、先行きが見えなくても、大きく息を吸って飛び込みましょう。

100

PALM BEACH

くらしのきほん100

松浦弥太郎のきほん2

『しごとのきほん　くらしのきほん100』は、日々の暮らしを支えたり、助けたり、はげましたりしている、知恵や心がけ、大切にしているお守りのような、僕の心の中に、そっと置かれている言葉を、自分のために目に見えるように記録し、そして、多くの人と分かち合うために、整理してまとめた、心の声、すなわち言葉を集めた一冊です。

それはたとえば、自分がずっと大切にしている言葉。ふと思いついたしあわせな言葉。自分が信じている知恵や心がけ。みんなに知ってもらいたいうれしい言葉。あたりまえだけど忘れたくない言葉。心がけることで自分を守ってくれる言葉。いつも新しい自分でいるための言葉。

僕はいつもこんなふうに思っています。

どんな自分になりたいのか。どんな暮らしや生き方をしたいのか。社会や、家族や友人、子どもたちに知ってもらいたいと思う大切なこととは何か。今より少しでも社会がよくなるために役立つこととは何か。未来に残したいと思う、自分が気づいた知恵や教えとは何か。そういったことを考え続けながら、ペンを持ち、ひとつひとつ書き留めていくことで、自分自身を見つめることに役立てていきたいと。

そんな「しごとのきほん」「くらしのきほん」の言葉は、自分の成長とともに、いつも変化するものでもある。100を書いたら、その100を、さらに見つめなおし、自分のきほんを、もっと良く、もっと自分らしくしていきたい。それこそが、100のきほんの先にあるきほんではなかろうか。

あなたの心の中にふわっとある、それぞれのきほんを僕は知りたい。そして、そのきほんで僕を助けてもらいたい。そんなふうに、きほんをあなたと分かち合うことが出来るように、僕はきほんを書き続けたいと思っています。

自分のきほんを書く。簡単なようでむつかしいことですが、それは感謝の手紙のようでもあるのです。

やさしさを、やわらかく。

やさしいのは、すでに基本なのかもしれません。やさしさを、やわらかさでそっと包む。そんな贈り物を交換しあうように、コミュニケーションを取れたらすてきです。シチューに入れたジャガイモやお肉は、かたいよりもやわらかいほうが、やさしい。人との接し方もそれと似ています。厳しくてかたいのも立派なことですが、やさしくて、やわらかいほうが、味わい深い気がします。

001

人よりも早く見つける。

みんなが、「あ、待ってました！」という気持ちになるものを、すっと差し出す。そのためには、人より早く見つけましょう。ちょっと先のうれしいこと、欲しいもの、足りないものを先回りするには、超能力などいりません。よく見て、思いやりを持つことです。たとえばホームパーティで料理と飲み物と音楽の用意は誰でもしますが、さらに、くたびれたときのために、クッションを用意しておく。そういう何かを、早く見つけける達人になりましょう。

002

好かれること。嫌われること。

「好かれる」と「嫌われる」はセット。そう思っておきましょう。みんなに好かれたらハッピーですが、ありえない話。自分を好きだと言う人が10人いたら、嫌う人も10人います。そういうものだと思っておくと、ＳＮＳで伝わってくるコメントや、心ない噂話に振り回されずにすみます。人の好き嫌いはまた、すぐに変わるもの。愛憎ではないのですから、深く考える必要もないことです。

003

飾らない。

自分をよく見せたい気持ちは、誰でも持っています。見栄や嘘というほど、あからさまでなくても、ちょっと飾りたくなるのはよくあることです。ところが情報がオープンな社会では、飾りたくても飾れない。飾りがポロリと取れてしまうからこそ、飾らず、取り繕わずいましょう。自分をそのまま見せる飾らない人こそ、人とかかわりやすく、打ち解けやすくなります。

004

親切を深めていく。

家族や友人、仕事仲間であれば、呼吸のごとく日常的に、親切にしたいもの。でも、その親切がルーティン化してはいませんか？　単なる習慣になり、すでに親切ではなくなっていることもあるかもしれません。「もっと親切にするには、どうしたらいいのか？」と常に意識しましょう。親切とは心の働き。踏み込んで深めていかないと、心からの親切にはたどり着けません。

005

つながりは点線にする。

「みんな一緒」は、楽で、楽しく、安心。でも、群れている限り、自分の道を歩めません。友人関係はとても大切ですが、つねに意見が同じで、進む道も一緒でないと責められるようなつき合いでは、人間関係が重たくなります。ある時は一人で過ごし、ある時は一人で出かけ、ある時は違う選択をしても、仲良くできる。点線のような軽やかなつながりを続けたいものです。

006

手放すという智恵。

手に入れることに夢中になって、手に入れたものは、しっかり握って手放さない。それではだんだん息苦しくなってきます。モノや服であれば、「１つ買ったら１つ処分」。さらにモノ以外のことにも、同じルールを当てはめましょう。勉強、趣味、社交、友人など、すべて楽しく、有益なことであっても、全部を抱え込んだら、自分が壊れてしまいます。

007

意地ではなく知性を。

家族でも、友人でも、コミュニティでも、暮らしのなかで何かを決めるとき、意見がわかれることはよくあります。冷静なつもりでいても、意地で意見を押し通そうとしてはいないでしょうか。「自分がこうしたい」で押し切るのは、駄々をこねる子どもと同じ。知性を使って「なぜ、それが良いと思うのか」を相手に説明し、きちんと理解してもらいましょう。言葉で説明できないのなら、自分自身もよくわかっていない証拠です。

008

心を寄せる。

もっと人に近寄るとは、べったりと付き合うことではありません。人を思い、人の思いに寄り添うこと。人の心に自分の心を寄せること。コミュニケーションはこうありたいものです。頭を働かせるよりも心を働かせたほうが、豊かになれる。これだけさまざまなことが発達したから、余計に心が大切です。

009

相手に寄り添う。

大切な人に何かをしてあげたい。そんなとき、やさしい言葉、親切、思いやりある行動、はたまた贈り物を考えるかもしれません。でも、悲しんでいるとき、やさしい言葉は届かないもの。傷ついているとき、親切は負担になるかもしれません。だから何もせず、距離を保ち、寄り添うことが一番という場合はたくさんあります。ただ寄り添う。ずっと寄り添う。しばらく会っていなくても、心は寄り添う。慎ましくて美しい贈り物です。

010

おまけをつけよう。

人と会って食事やお茶をするときは、一緒に気持ちいい時間を過ごすだけではなく、お土産を用意しましょう。チョコレートや珍しいナッツといった品物ではなく、その人の喜びそうな面白い話、役に立つ知恵、元気になってもらえる笑顔を用意するのです。また会いたいと言われる人はみな、「この人と会うと、いつもおまけがある。会ってよかったな」と相手に感じさせる人。うれしいお土産を、いつも与えつづける人です。

011

お礼にはいつも感想を添える。

「ありがとう」ですむことでも感想を添えましょう。お礼とは、モノであってもなくても、相手からの「贈り物」へのお返し。感想はささやかな贈り物になります。凝った言葉でなくてかまいません。お菓子をいただいたら「あまりにおいしいから、家族でお茶を飲みながら楽しみました」と伝えるだけで、うれしいシーンが浮かびます。あげて嬉しく、もらって嬉しく、お礼を言って、言われて嬉しく。贈り物でいっぱい喜びましょう。

012

もっと心配する。

誰かのＳＯＳを聞き逃してしまうのは、当事者になっていないから。想像力を働かせず、思いやりをもたず、親切度が足りないからです。想像力を働かせ、もっと心配しましょう。道を歩いていて、突然、車が飛び込んでこないか。いつもしっかりしている子が、何かのトラブルでくじけていないか。うまくいっているはずのことが、滞っていないか。心配は心配り。悪いことではないのです。

013

押し付けないこと。

みんな自分のポリシーやルールをもっています。経験し、確かめて知った「これはいい」という知恵も、たくさんあるでしょう。それらを分かち合うのは大切ですが、くれぐれも押し付けないこと。いくら善意でも相手の自由を奪うことになります。「おいしい」と判断するかどうかは、たとえ自分の子どもでもあっても、その人の自由。暮らしのやり方のいい・悪いも、人それぞれです。提案を受け入れるかどうかもその人の自由。「あなたのため」という呪文で縛りつけてはいけません。

014

控えめであること。我慢すること。

「自分」というのは、誰にとっても最大の関心テーマなのでしょうか？　どうしても自分の話がしたい、つねに自分が前に出たい、誰でも自己顕示欲をもっています。それでもちょっと抑えて、控えめになりましょう。ときには我慢して、相手を優先しましょう。ただし、控えてばかりだと無責任な傍観者になってしまうことがあります。さじ加減が難しいから、いつも気をつけましょう。

015

否定しないこと。

「神さまになりなさい」と言っているように響くかもしれません。それでも、否定しないこと。ノーで始めないこと。シャッターをおろさないこと。頭から否定をするとは、ぷつんと糸を切るようなふるまいです。否定はまた、争いごとの種になります。どんなことでも、素直に聞いてみる。その意見を受け入れないのは、「違うな」とわかってからでも遅くはありません。

裏切られたと感じたとき。

互いに信頼し、ていねいに関係を紡いできても、裏切られるケースはあり得ます。傷つき、悲しみ、怒りをぶつけたくなるでしょう。責めたて、恨みたくなるでしょう。それでも人は、時として裏切るもの。何も解決しないのですから、追求するのはやめましょう。裏切られたら「きっと何か事情があるんだ」と思いやること。感情的にならず、決して責めないことです。人間は弱いもの。「自分も裏切るかもしれない」という事実を忘れずに。

017

自分よりも優れた人と付き合う。

自分よりも優れた人たちと付き合うのは、実はとてもしんどいこと。背伸びをしないといけないし、自分の欠けている部分を突きつけられるし、その差を現実として受け止め、縮めるべく努力をしなければなりません。それでも背伸びの付き合いは、自分を伸ばすための最良のレッスン。居心地いい仲良しの輪では味わえない緊張感が、自分のレベルをあげてくれます。たとえ古い仲間と別れることになっても、思い切って飛び込みましょう。

018

磨くことの大切さ。

新しいものというのは、それだけで力があります。たとえ安くても、新しい服はうれしい。面倒な作業も、新しい道具ならやる気が出る。しかし、新しさの力に頼ってばかりは、考えもの。新しいものも、やがて古びていくのですから。新しさと古さのバランスをとりましょう。今あるもので足りないか、工夫して使えないか、磨けばすてきにならないか、吟味しましょう。ものも、能力も、付き合う人も、新しさがすべてではありません。

019

質素でも豊かな食事を。

正しく研ぎ、水加減と火加減に目配りして、じょうずに炊いたぴかぴかの白いごはん。味の濃さよりも、出汁、味噌、具と、素材一つひとつの本来の味が感じ取れるお味噌汁。おいしいものを食べましょう。特別なごちそうでなくても心入れひとつで、毎日毎食、おいしいものが食べられます。「お腹がふくれればなんでも同じ」とか「味が濃くてスパイシーなものがうまい」なんて、ずいぶんと、貧しくさびしいではありませんか。

020

ゆっくり食べる。

食事は楽しむものであり、空腹を満たすものではありません。ゆっくり味わっていただきましょう。知らないうちに一気に食べる癖がついているなら、改めましょう。急いでいる？　忙しい？　お腹が空いてたまらない？　毎日毎食、そんなことはないはずです。

021

手間ひまかけるという、贅沢。

「食事のしたくが億劫」とお惣菜を買い、「やることがなくて退屈だ」と不平を漏らす。どちらもよくあることですが、もったいない話です。手間ひまをかければ、退屈するひまがなくなります。たとえば、ジャム。洗って、下ごしらえして、ことこと煮る。その時間が贅沢であり、楽しみです。料理だけではありません。いくつの楽しみが手間ひまに隠れているか、宝探しをしてみましょう。

022

本当のフルコースとは。

料理は、買い物し、調理し、器を選んで盛りつけ、出すところまでが料理です。言うまでもなく、後片付けも料理のうち。どの工程も心を込めること。わかっていることかもしれませんが、ときどき、自分に念を押しましょう。アミューズから始まり、前菜、メインと続くフルコースは、実に華やか。それでも本当のフルコースは、日々のなかで味わうものです。買い物し、料理し、器を選んで盛りつけ、大切な家族とともに味わっていただく。なんと贅沢なことか。デザートのあとの後片付けも、コースのうちだと忘れずに。

023

今、食べたいものを知る。

「自分が今、食べたいものはなんだろう？」と、体に聞いてみることは大切です。甘いものが欲しい、濃い味にひかれる、野菜がいい、肉が食べたい。食べたいものから、その時の体調がわかります。よく言われるとおり、不健康なときほど、体に悪いものを食べたくなるもの。ジャンクな味が欲しくてたまらなかったら、体調を崩す前兆かもしれません。自分を知るという意味でも、「何が食べたい？」と自分に聞いてみましょう。

024

食器は必ずあたためる。

器とはもともと手のひらで、大昔は手から手へと食べものを渡していたと言います。手は温もりがあるものだから、食器は必ずあたためましょう。お皿をあたためてから、あたたかい料理を盛りつけるだけで、普段のパスタもカレーライスも大ごちそうになります。蛇口から熱めのお湯を出してボールに張ってあたためてもいいし、鍋ややかんで沸かしたお湯をかけてもいい。さっと拭くのを忘れずに。カップをあたためるのと同じ要領です。

025

料理は器で決まる。

「器は料理の着物」とは、魯山人の有名な言葉。おいしい料理も器が残念だと台なしです。料理をしながら、どの器に盛りつけるか考えておきましょう。「何にでも合うから白」という人もいますが、白いお皿は実はとても難しい。品質の良し悪しが、はっきりわかってしまいます。逆に黒やネイビーは手頃な価格で合わせやすいものが見つかります。柄物のコーディネートも楽しいし、カラフルなお皿もいい。いろいろ試してみましょう。

026

ありあわせはやめる。

「ありあわせで、なんでもやる」とは、無駄がない、賢いやり方に思えます。でも、ありあわせで本質まで届くでしょうか？「もどき」はできても、本物はできないのではないでしょうか？「ありあわせで間に合わせる」という言葉があるとおり、ありあわせとは緊急事態、もしくは次善の策です。日常的にありあわせで済ませるのは、準備を怠っていること。「なんでもやる」ではなく「なんでもあり」の無秩序な状態を招きかねません。

コレクションではなくセレクション。

コレクションは、たくさん集めることがうれしい。セレクションは、一生けんめい選ぶことが楽しい。モノはもちろんのこと、すべてはセレクションです。たとえば、「なんでもいい」とコーヒーばかり飲むより、自分のその日の体調や気分と相談して、慎重に飲み物を選んだほうが、おいしくいただけます。常にちゃんと選ぶ、セレクションという意識を大事にしましょう。

028

冷蔵庫の中身を毎日見ること。

冷蔵庫の中身を、毎日見ましょう。大きくてたくさん入る冷蔵庫なら、なおさら念入りに見ましょう。何が残っているかをしっかり把握し、あるものを使って料理をする。買い物というのはそれ自体がうれしいものですが、そこに工夫はありません。新しいレシピを探すより、冷蔵庫の中身を見たほうが、今日のおかずが決まりやすくなります。

029

味つけは薄め。量は少なめ。

一口目は、何の味かわからない。二口、三口と、自分から味を探す旅に出る。ようやく見つかるのは素材の味。それくらい薄めの味つけだと、最後の一口までおいしくいただけます。外食やお惣菜は味つけが濃く、一口目にインパクトがある代わりに、余韻がありません。だから家庭の料理は薄めの味がちょうどいい。「ケチャップ味」などとすぐにわかるのはつまらないものです。量も少なめだと、見た目も良く、体にやさしくなります。

030

完璧のその先を見つめる。

掃除機のあと、ぞうきんがけもしたし、すみずみまで磨き、見えないところの埃も払った。こんなふうに「もう完璧！」と思うことがあります。それでもすべては未完成。完璧を求めるとは、終わらない旅に似ていて、常に道の途中です。少し口うるさい人になって、完璧を疑いましょう。だめな点や問題点を探しましょう。そこから改善点がわかり、今日の完璧を上回る完璧が見えてきます。掃除に限った話でないことを、お忘れなく。

031

毎日、小掃除。

掃除を毎日しても、大掃除でしか手をつけない場所はたくさんあります。そこで大掃除のフルコースを分割し、毎日「小掃除」をしましょう。定番の掃除に、「今日はベランダの掃除」「今日は照明のシェードを磨く」といった具合に小掃除を加えます。いつもきれいだと気持ちがいいし、小さなプロジェクトを毎日クリアすると、達成感があります。この繰り返しで、大掃除はいらなくなります。

032

テーブルは清めふきすること。

テーブルはまず、よく絞った濡れ布巾でふき、次に乾いた布巾でふき、そのあともう一回、乾いた別の布巾で「清めふき」をする。テーブルというのは汚れるもので、濡れふきんの一度ぶきでは、汚れを塗り広げている場合もある。だから乾いた布巾でふきとるのですが、さらにもう一回ふく。汚れを落とすためというより、テーブルを一回リセットする儀式のようなもの。

033

客ぶりのよさを身につける。

レストランなどに行けば、わがままでも許される立場になります。しかし、その空間の雰囲気を良くする責任は、客の側にもあることを忘れずにいましょう。グループで大笑いしたり、熱い料理に手をつけずにぬるくしてしまったり。まわりのお客さまを不快にさせること、お店の人が悲しくなることをして、許されるわけではありません。客ぶりのよさを身につけましょう。おいしいものをおいしくいただき、目に快い立ち居振る舞いを。

034

察する。

大人のたしなみであり、日本人らしい思いやりであり、なんとも美しいマナーです。言葉で確かめなくても理解する。そっと相手を慮る。そんな、「察する大人」を目指しましょう。口に出してはっきり訊ねるのではなく、「今はそっとしておいてほしいんだな」察する。込み入った話をしていたら「自分は席を外したほうがいい」と察する。察する大人になれば、その場にふさわしい振る舞いがわかるようになります。

035

声をかけよう。

言葉を交わさなくてもコミュニケーションがとれるから、いつのまにか声をかけあうことが忘れられています。家族、近所のコミュニティ、職場。用があってもなくても、話があっても特段なくても、声をかけましょう。「元気？」「気持ちがいい天気！」「最近どうですか？」なんでもいいので、逐一、声をかけあう。これは「あなたのことをちゃんと気にしていますよ」というサインです。声をかけることで、相手が救われることもあるし、自分が救われることもあります。

036

聞きよく、わかりよく、品よく。

話すときは、はっきりと、やさしい声で、聞きよく。物知りだと見せびらかすより、難しいことをわかりやすく。たとえ気楽な冗談を言っていても、品よく。大人になったら磨いていきたいことです。ときどき、だらしない話し方や雑な言い方をしていないか、自分で自分を点検しましょう。

037

何事も具体的に。

言葉は人に伝えるためのツールだから、話し言葉も文章も、わかりやすく。コツは、具体的にすることです。村上春樹さんの小説は比喩が具体的だったり、実際の曲名が使われたりします。料理ひとつとってもディテールが具体的だから、実感できます。日本の小説の多くは心象風景を描写していますが、外国文学は具体的表現がポイントになっています。具体的な比喩を使って、話したり書いたりしてみましょう。

038

はじめ、まんなか、おわり。

人に話をするなら、はじめがあって、まんなかがあって、おわりがないと理解してもらえません。自分でものごとを理解したいときにも、はじめ、まんなか、おわりを意識するといいでしょう。本には起承転結があるので、はじめ（起）、まんなか（承と転）、おわり（結）の構造を考えながら読んでみましょう。わかりやすく話したり、文章を書いたりする格好のテキストになります。

039

年下にも年上にも、きれいな言葉で。

親しくなるとは、「なんでもOK」になることではありません。とくに気をつけたいのが、言葉遣い。堅苦しいほどていねいな言葉と、無礼なくらいカジュアルな言葉の中間がないのは、残念なことです。言葉遣いは心遣い。どんなに親しくても、相手への敬意を忘れずに話しましょう。年上の人に気を使え、ということではありません。年上でも年下の人でも、きれいな言葉づかいを自分のベーシックとしましょう。

言葉の取り扱い方。

本物の大人になるには、言葉の取り扱いを慎重に。信頼される人とは、口が堅い人。話したことが全部漏れてしまうとしたら、恐ろしくて何も話せなくなります。何気ない話が時として大きくなったり、ねじ曲がったりするから要注意です。安心できる人は、知っていることをひけらかさない人。よく知っていても黙って聞いてくれる人は、知恵と包容力を感じさせます。

041

待っているときの立ち方。

待ち合わせをしているときには、素が出ます。待っている立ち姿は、そのときの自分の気持ちをくっきりと映し出します。言ってみれば、待つとは小さな我慢を強いられていること。イライラが表れたり、疲れがにじみ出たり、「来ないかも？」という不安が漂ったりします。だからこそ、待っているときの立ち姿が美しい人はすてきです。姿勢正しく、すっとした佇まいを意識しましょう。

042

口角カーブを伝染させる。

いつだって、口角を上げている。これはきれいな口紅より、クールなネクタイより、素晴らしい身だしなみです。上がった口角から「いつも楽しそう」という無言のメッセージが伝わると、まわりの空気をあたためます。つられた相手の口角が上がれば、また誰かの口角が上がります。ほほえみの「口角カーブ」が伝染すると、世界がほんわりします。

043

あいさつとは感謝すること。

心が込もった、美しいお辞儀。「おはようございます」「ありがとうございます」だけなのに感動するような、あいさつ。人をはっとさせるあいさつには、感謝の気持ちが込められています。あいさつは何気なくするものなので、心の状態を映し出します。心ここに在らずのあいさつは、むなしいものです。会えて嬉しい「こんにちは」と、今日は楽しかったの「さようなら」を言いましょう。

044

「でも」と言わない。

「でも」を言う癖は、悪気はなくても厄介です。「あの店はいい」と教わったとき、「でも、こっちの店はすごい」とは、相手の話をまるごと受け止めるのではなく、自分が知っていることをカチンとぶつける。そんな癖があれば直しましょう。すてきな人は、年を重ねるほど素直になり、どんな話も感心して聞きます。いいものがあると聞けば試し、いい映画があると聞けば見に行きます。この素直さから、たくさん得るものがあります。

045

思いやりのチャンスを逃さない。

「思いやりって、なんだろう？」と、いつも考えるのは人間関係を豊かにするレッスンです。ただし、思いやりは変化するもの。答えが一つ見つかっても、絶対ではありません。話を聞いてあげるのがいいときもあれば、そっとしておくのがいいときもあります。「今、この状況での思いやりはなんだろう？」と考え、「こうしてほしいんだ」とわかったときは、思いやりを表現するチャンス。自分にできることを、さっと差し出しましょう。

046

相手の意見を聞く。

優先すべきは、自分が話すことより、相手の話を聞くことです。耳を傾ける姿勢から、さまざまな可能性がひらけます。教えてもらえたり、信用してもらえたり、自分のためになるのです。聞き上手とはまた、人間関係をよくするための秘訣です。

047

手紙を書く。

メールやＳＮＳは便利なもの。だからといって何でも便利にしてはいけません。大事なお願いをするなら、手紙に勝るものはありません。便箋やインクを選び、文面を考え、間違えないよう注意してしたためる時間で思いがこもり、気持ちも伝わります。だだし、お詫びは手紙にすると形式的になり、「ていねいに書いて、おしまい」となってしまいます。謝るときには会って顔を見て頭をさげる。細やかな使い分けを心得ておきましょう。

048

安易にプライベートに触れないこと。

個人的なことに干渉したり、家族について相手が答えに困るような質問をする人がいます。「親しいのだから立ち入ったことを聞いてもいい」と思うのでしょうか。なぜ聞きたいかといえば、ただ知りたいから。単純な興味で悪意はなくても、美しくありません。すてきな人は、門が開いていても入らない節度をもっています。プライベートには安易に触れないこと。ちらりと見えても見て見ぬふりくらいで、ちょうどいいのです。

礼儀正しく、身なりを清潔に。

ハンカチ、ちり紙、爪切り。小学校の衛生検査が何十年も前からずっと行われているのは、基本だからです。大人になったら、自分で指差し確認をしましょう。身なりは清潔か、髪がだらしなく伸びていないか、服にハンガーの跡やたたみじわがないか、全体にすっきりと、しゃんとしているか。礼儀正しくあるのも身だしなみのうち。こちらも抜かりなく整えましょう。

050

静かであること。

大人とは静かであるべきです。大声で話すのは、レストランや料理屋では無作法ですし、セルフサービスのカフェでさえ、がさつな感じがします。どしどし歩く、バタンとドアを閉める、がちゃんとコップを置く。擬音がつく動作は慎むこと。エレベーターのボタンを押すとき、公共交通の自動改札機にICカードをタッチするとき。静かであるかどうかで、印象がずいぶん違います。

051

吸うことよりも吐くこと。

マラソンで辛くなってくると、息を吸ってばかりになります。でも、辛いときに大切なのは、息を吐くこと。意識的に息を吐けば、自然と吸わざるを得なくなり、バランスが取れるそうです。ふだんの生活でも同じこと。忙しかったり緊張していたりすると、息を吸うばかりになりますが、吸い続けたら苦しくなります。辛いときは、息を吐く。緊張したときは息を吐く。覚えておくと役に立ちます。

052

体温計は必需品。

あたかもお守りのように、いつも体温計を持っていましょう。気軽に体温を測りましょう。熱が高かったり低かったりしたら、体をいたわり、セーブする。そうすれば病院に行くまでもなく、おさまります。「平熱だな」と安心するもよし。体温計は健康管理の必需品です。

鏡を見る。

鏡は現実を映し出すもの。認めたくない欠点が見つかるかもしれないし、年を重ねると、あまり見たくないかもしれません。それでも自分が社会とコミュニケーションをとる準備ができているかどうか、きちんと鏡を見ましょう。気になるところがあるのはいいけれど、気にしなくなるのは、こわいことです。

054

変化を恐れない。

今あるものが変わっていくことは、おそろしい。習慣、関係、環境が変わるのはストレスになりますし、髪が白くなり、体つきが張りをうしなうと、がっかりする人もいます。それでも変化をしなければ成長もなく、衰えていくだけです。年をとること、変化していく自分を、存分に楽しみましょう。すてきな大人はみな、変化を楽しんでいます。時に逆らわずに変化を楽しみ、柔軟に対応していくさまは、実にすてきです。

055

子どもっぽさを取り戻す。

経験を積み、礼儀を知り、知識を蓄え、たいていのことに慣れる。これは大人になっていく素晴らしさですが、あるとき、たくさんの服を重ね着しているような息苦しさを感じます。一生のどこかで、裸になるタイミングが来るのではないでしょうか。大人らしさを脱ぎ捨て、子どもっぽさを取り戻す。「自分はこれが好きで、あれが苦手で、こんな弱さがある」と、ピュアな部分を思い出す。そこから本物の大人への道が始まります。

056

愛着を分かち合う。

「自分が愛着を感じるものはなんだろう？」と考えていくと、子どもの頃の思い出や、育てられ方に影響を受けており、ごく個人的なものだとわかります。愛着を感じるのは、たとえば珍しいスープよりもお味噌汁。贅沢オムレツよりたまご焼き。つまるところ愛着とは、ごく普通のことです。自分の愛着やこだわりを観察して手に入れた普通は、たくさんの人と分かち合えます。そうやって人と人は、心と心でつながれるのです。

057

まごころを表す。

郵便はがき

料金受取人払郵便

銀座局承認

5127

差出有効期間
平成31年11月
11日まで
※切手を貼らずに
お出しください

104-8790

627

東京都中央区銀座3-13-10

マガジンハウス
書籍編集部
愛読者係 行

ご住所	〒		
フリガナ		性別	男 ・ 女
お名前		年齢	歳
ご職業	1. 会社員(職種) 2. 自営業(職種) 3. 公務員(職種) 4. 学生(中 高 高専 大学 専門) 5. 主婦 6. その他( )		
電話		Eメールアドレス	

この度はご購読ありがとうございます。今後の出版物の参考とさせていただきますので、裏面のアンケートにお答えください。**抽選で毎月10名様に図書カード(1000円分)をお送りします。**当選の発表は発送をもって代えさせていただきます。

ご記入いただいたご住所、お名前、Eメールアドレスなどは書籍企画の参考、企画用アンケートの依頼、および商品情報の案内の目的にのみ使用するものとします。また、本書へのご感想に関しては、広告などに文面を掲載させていただく場合がございます。

❶お買い求めいただいた本のタイトル。

❷本書をお読みになった感想、よかったところを教えてください。

❸本書をお買い求めいただいた理由は何ですか？

●書店で見つけて　●知り合いから聞いて　●インターネットで見て
●新聞、雑誌広告を見て（新聞、雑誌名＝　）
●その他（　）

❹こんな本があったら絶対買うという本はどんなものでしょう？

❺最近読んでよかった本のタイトルを教えてください。

ご協力ありがとうございました。

好きな飲み物を前に一人で座り、「まごころ」について考えてみましょう。見返りを求めずに、自分が尽くすこと。嘘偽りのない心のこと。ピュアで混ざり気のない気持ちのこと。たとえ損をしても純粋でいること。自分なりの「まごころ」を見つけたら、それを誰かに対して表現してみましょう。大きなことでなくてもかまいません。表すことで、まごころとは何かが、少しずつ、わかってきます。

058

さらに掘り下げる。

つるんとしたゆで卵を見て、「白いもの」と決めたら間違えます。ほくほくした黄身があってこそ、ゆで卵です。人やものごとについて、すぐにわかったつもりになり、「つまらない」と決めてしまう。なんと、もったいないことか。刺激を求めて次から次へと手を出しても、何ひとつ身につきません。掘り下げること。疑問を持ち、じっくり確かめること。さらに掘り下げる習慣があれば、知恵を蓄え、人と豊かな関係を築くことができます。

059

頭ではなく心を使う。

頭を使うスイッチと心を使うスイッチ。いつも両方をオンにしておきましょう。頭の使い方にはある種の教科書のようなものがあり、慣れれば上手に使えるようになります。いっぽう、心の使い方は誰も教えてくれません。目の前のことを良く見ること。目に見えない人の気持ちも良く見ること。その試行錯誤で、少しずつ心が使えるようになっていきます。ついつい頭ばかり使ってしまうから、意識して心を使う暮らしがしたいものです。

060

わかることと感じること。

「わかる」というのは頭で理解すること。「感じる」とは心で受け止めること。大切なのは、わかることと感じることのバランスです。頭では納得できても、感じる部分ではなんとなく信用できないなら、ちょっと疑ったほうがよさそうです。逆に、自分が相手に伝える側の時は、「わかる」だけで押し通さず、「感じる」部分にうったえかけるような表現をしていきましょう。

061

憧れること。

憧れに勝るモチベーションはありません。憧れとは人に影響を受けないところがあるので、ピュアな自分を知る手がかりです。不思議なことに大人になると、子どもの頃に憧れていたものが浮き彫りになってきます。「ああ、やっぱりこれが好きだ」と確認するのは、すてきなことです。

062

パッションとロマン。

賢さでもなく、やっていることの規模でもなく、有名だとかお金持ちだとか、特別美しいとか、もちろん、そんなことではないのです。その人という人間がもつエネルギーに、無条件にひかれてしまう。ある種の熱みたいなものに吸い寄せられ、つい応援したくなってしまう。そんな人は、パッションとロマンがある人。計算のない、ぶれない信念から生まれるパッションとロマン。これさえあれば、どんな大きな夢もかないます。

063

トラブル・イズ・マイ・ビジネス。

生きることに慣れてきたら、２つの力をもらえます。困ったことを避ける技術と、困ったことを乗り越える能力を。どちらを使うかは自分次第。できれば逃げず、乗り越える能力のほうを使いたいものです。「トラブル・イズ・マイ・ビジネス」困ったことをなんとかするのが役目だと腹をくくれば、３つ目の力が手に入るかもしれません。

064

悲しみは、我慢しない。

悲しいのに悲しくないふりをしていると、だんだん悲しいと感じられなくなります。悲しみを怒りに換えて発散すると、傷がよけいにふさがらなくなります。悲しみは、人間が成長しながら生きていくために必要な感情のひとつ。悲しみを抱きしめ、感受性を豊かにしましょう。悲しみを知れば知るほど、人の気持ちがわかるようになります。

065

モラルとは何か。

モラルとは、強制されるルールではなく、時代を超えた不変のものでもなく、言ってみれば「その時どきの、あるべき態度」です。家族、友人、会社、コミュニティ、その場や関係性によってもモラルは違ってくるでしょう。「今この状況でのモラルとは何か？」を、小さな関心事としてもっておく。そうすればみんなが好き勝手に振る舞わなくなり、世界が少し、きりりとします。

066

1つだけにする。

時間を組み合わせのパズルのように見なして、空きスペースに次々とやるべきことを詰め込む。「ついでに何かをする」というやり方が、あらゆる場面で増えています。効率的でいい面もありますが、1つのことだけに集中して時間を使うほうが、経験として自分のなかにしっかり残ります。人に何かを伝えるときも、あれもこれもと欲張るより、1つに絞ったほうが確実に伝わります。

067

今日のしごとは、明日のしごと。

一日一日というのはバラバラの点に見えて、しっかりとつながっています。今日と明日をつなげていくのが、僕たちの命のいとなみでもあるのです。今日はたいそう大切ですが、今日だけのために存在する時間ではない。今日という日は、明日のためにあるから、明日も気持ちよく働けるよう、明日も心地よく暮らせるよう、今日を大切にせねばなりません。「今日は明日のためにある」、そう思うと、投げやりなことはしなくなるはずです。

068

規則正しい生活。

眠りのために投資をする。

早起きの秘訣は、早寝です。規則正しい生活は大切な基本であり、眠りが鍵を握っています。若い頃は徹夜も平気だったとしても、年齢を重ねると、そうはいきません。眠りを犠牲にしたら、体も心も頭も働かず、食事はおいしくなくなり、一日が台なしになります。枕やシーツ、部屋の照明や空気。自分の好みを吟味し、詳しい人に教えてもらい、最良の眠りのために投資をしましょう。

069

朝のベッドで１分、
今日のプランニング。

目が覚めて、一日を始める前に、ベッドの中で考えてみましょう。今日のお天気。体と心をふくめた自分のコンディション。予定や計画。お天気はもちろんのこと、家族の事情、仕事の都合など、自分ではコントロールできないこともあるでしょう。朝のベッドでデータを集め、あたまの中のコンピュータでカタカタはじく。「さて、今日はこう過ごそう」と決めたら、起き上がります。たった1分で、今日のプランニングのできあがりです。

リズムを考える。

朝、目が覚めたら今日一日をどうすごすか、リズムを考える。月の後半にさしかかったら、次の1カ月のリズムを考える。トントントントンと素早く動くことも、ワルツのようにゆったり過ごすこともあるでしょう。そろそろ季節が変わるなら、次の3カ月のリズムを。ハロウィンとクリスマスがにぎやかにやってくる少し前には、来年のリズムを。リズムを意識すれば、メリハリあるバランスのいい日々を過ごすことができます。

071

まずは３週間繰り返してみる。

スポーツ、趣味、新しいルール、食事法や早起きというのもあるでしょう。暮らしのなかに新しいプロジェクトを取り入れたいなら、まずは３週間やってみることです。１週間だとちょっと短く、２週間でもわからない。３週間試せば自分に合うか、本当に必要か、続けられそうかわかります。適当に始めてフェードアウトしたり、意地で続けるより、最初に「お試し期間」を決めておくと良い習慣が根づきやすくなります。

072

3時のお茶を楽しむ。

どんなに忙しくても、１日１回、仕切り直しをする。それが３時のお茶です。朝が早い職人は、「10時と３時のお茶」と言います。家族のお弁当作りなど、朝早くから働いている主婦は、同じく２回でもいいでしょう。会社で働いていると９時がスタートなので、３時だけでちょうどいい。手を止めて、15分でも30分でも仕事を中断し、飲み物を味わい、おやつを少し。３時のお茶を落ち着いて楽しむと、もうひと頑張りできます。

073

ありがとうで始まり、
ありがとうで終わる。

何事もありがとうで始まり、ありがとうで終わります。始まりは、一緒に取り組むことへのありがとう。終わりは、一緒に取り組んだことへのありがとう。望む結果が出たときだけ「ありがとう」と言うのはおかしなことです。悲しい結果、悔しい結果、気に入らない結果でも、自分が時間を費やし、人が時間を費やした果てのことなのです。「ありがとう」という感謝の気持ちを表現することが当然であり、けじめではないでしょうか。

074

人の時間を奪わない。

時間とお金は同じくらい大切なもの。約束の時間に遅れたり、自分勝手にスケジュールを決めたり、相手の都合もおかまいなしに、長話につきあわせたら、お金を盗むくらい迷惑をかけてしまいます。「自分は時間があるから相手もそうだろう」とか「今、楽しいから時間は関係ない」という感覚で許されるのは、せいぜい学生時代までだと心得ましょう。

075

時には動かない。

新米の宇宙飛行士がチームに入ったときは、動かないことが大切だそうです。すでにチームのやり方があり、優秀な人がそれぞれ役目をこなしている。そこに張り切って自分流を持ち込むと、迷惑になるというのです。それに倣い、引っ越し、転職、習い事を始めるなど新たな人間関係に入っていくときは、しばし動かずにいましょう。自己アピールのような提案はやめ、絶対に必要な下働きを地味にこなす。時には動かず、様子をみましょう。

076

ぶれずに対応する。

誰にでも自分なりの方法はありますが、絶対ではありません。新しいツール、レシピ、方法、考え方が出てきたら、素直に対応する心のやわらかさを持ちましょう。ただし対応するときには、自分の軸まで動かさないこと。「ぶれない自分」という木の幹に、対応で身につけた若葉を茂らせましょう。

077

自分にもっと時間を。

自分ひとりの時間というのは、意外なほど少ないもの。働いていても、主婦でも、一日のほとんどを「誰かのため」もしくは「やるべきこと」に費やしています。工夫して、自分一人になる時間をつくりましょう。1時間でも30分でもいい。「立ち返るべきことはなんだろう？」「今、何に興味を持っているだろう？」と考えてみましょう。自分のために時間をとるのは、わがままではなく、必要不可欠なことです。

078

スピードを落とそう。

別に急いでいないのに、つい車のスピードを上げる。発車ベルが鳴ると反射的に駆け込む。思い当たるのなら、スピード中毒になっています。即日配達サービスや、短時間で移動できる電車が評価され、世の中はぐんぐん加速しています。だからといって、ライフスタイルまでスピードを上げなくていい。人間はスピードを上げることもできれば、落とすこともできるのです。次のバスを待つ15分間、ぼんやりするのも尊いことです。

079

クオリティの話をしよう。

リンゴの実は赤いけれど、えんえんと赤さについて話していても、リンゴを知ることはできません。大事なことは皮を剥いた本質です。表層のことや好き嫌いだけを話していたら、手応えもなく、深いコミュニケーションもとれず、その時間がなんとも惜しい。好きなら好きの本質の話を。嫌いなら嫌いの本質の話を。互いの意見を交わし、深く知り合い、再び自分に立ち戻ってじっくり考えるヒントが見えてきます。

080

学ぶべきこと。

学校を卒業してからもずっと、学びは続きます。
大人になればなるほど、学びが必要となります。
「今の環境で自分は何が足りず、そのために何を学ぶべきか」これは真摯な問いです。また、「今日の自分は何を学ぶべきか」と考えると、一日前向きに過ごせます。いくつになっても真剣に考え、実際に学んでいきましょう。

081

今日はNOスクリーンディ。

１カ月に１日でもいい。スクリーンを見ない日をつくりましょう。テレビ、パソコン、スマホなど、日々、スクリーンに向き合っていると、いつのまにか支配されてしまいます。スクリーンは暮らしに不可欠だからこそ、たまにはスポーツをしたり、散歩したりしてスクリーンを遮断し、自分のバランスを取り戻しましょう。

082

土地の歴史。
暮らしのなかで歴史を学ぶ。

東京生まれで東京育ちなら、東京の歴史を。銀座で働いているのなら、銀座の歴史を。埼玉に住んでいるなら、埼玉の歴史を。北海道でも沖縄でも、新宿でも渋谷でも、自分に縁のある土地の歴史にもっと興味をもち、しっかりと学べば、地に足のついた教養が身につきます。いつも暮らしている場所が、昔どんなところだったかわかります。地域の図書館に行けば、資料はすぐに見つかります。

083

大人の教養は歴史と宗教。

大人の教養として身につけたいのは、歴史と宗教。２つは密接に絡み合っており、人間の本質を学ぶ最良の師です。旅をしても、そこの歴史と宗教を知っていれば得るものが多くなります。歴史に比べて宗教は敬遠されがちですが、たとえば聖書は、世界で最も多く読まれている書物。お話仕立てのものから、スマートフォンのアプリまでいろいろあるので、教養として読んでみるといいでしょう。

084

うまくいかなかったことを振り返る。

うまくいかなかったこと、それは実は、もっと上手になれる手がかりです。うまくいったことより、失敗を振り返ったほうがたくさんの気づきがあります。焦がしたパンケーキから新しいレシピが生まれます。「誤解を招くことを言ってしまったのはなぜ？」とよく考えれば、思いやりが育まれます。気づきを数多く得た人のほうが幸せです。

すてきなケチを目指す。

出ていくお金は、消費と浪費と投資の３つをバランスよく。投資は未来のためで、成果が出るまで時間がかかりますが、忘れないこと。浪費は避けるべきですが、消費は常に学び続けること。自分で勉強し、詳しい人に話を聞き、マイルールをつくりましょう。お金と仲良しな人はみな、すてきなケチ。気前よくご馳走もするけれど、手数料がかかる時間に絶対ATMを使わないなど、自分の流儀があります。すてきなケチを目指しましょう。

086

動物園に行ってみる。

子ども連れやデートでなく、できれば一人で、動物園や植物園に行ってみましょう。ペンギンの行列、あくびするキリン、見知らぬ南国の花。つぶさに眺めると、弱りかけた観察力の訓練になります。写真を撮るのではなく、自分の目で、できる限り鮮明な画像を脳に映し出す。こうして観察力を鍛えれば、くらしのなかでも危険をすばやく察知し、回避できます。手を貸してほしいのに言葉にできない人を見つけて助けることもできます。

087

漢字や辞書と仲良くする。

読みやすさと視覚的な気持ちよさを考えると、「ひらがながいい」という流れがあるようです。だからといって、漢字を遠ざけるのは、もったいない。漢字は文字そのものに意味があり、学ぶことが多くあります。漢字と仲良くするには、こまめに辞書を引きましょう。同音異義語や漢字の使い分け、知らなかった言葉が見つかります。辞書とはこのうえなく面白く、教養も身につく本です。

088

好きを極める。

これからの時代は「オタク」が求められます。満遍なくいろいろできるオールマイティなプレイヤーが求められる時代は、少し前に終わりました。自分の好きなことを極めましょう。一人の楽しみとして深く極めた何かを、みんなのために役立てる。これもひとつの貢献であり、しあわせです。

089

ミーハーであれ。

「この年齢だから、いいものしか興味がない」と、上質の服を着て、センスの良い品を持ち、趣味も高尚。そんな人がいたら、すてきだけれど、つまらない気がします。「ミーハーだ」と言われたら、悪口でなく「好奇心旺盛」というほめ言葉だと受け止めましょう。世の中の人が夢中になっていることに、自分も一緒に夢中になれるのは、心が若々しいから。「いい年をして」と誰かを笑うのではなく、年を忘れてみんなと楽しみましょう。

090

スタイルを持つ。

暮らし、仕事、生き方。すべてについて、一貫した自分の信念をもっている人は魅力的です。言葉を変えれば、「自分のスタイル」をもつということ。スタイルは固定ではありません。宝物を手入れするように、絶えず磨いていくものです。より良いスタイルができると生き方の質が上がり、人から好かれ、社会との関係性も深まるでしょう。

091

人を嫌いにならない。

誰にでも苦手な人はいます。虫が好かないというのもあるでしょう。しかし「嫌い」という箱に分類してしまうと、その人を否定することになります。人間関係は、いつ、どうなるかわからないもの。誤解に気づいたり、思いがけないことで助けてもらったりするかもしれないのです。「嫌い」と断定せず、手前で止める。苦手くらいにとどめる。この癖がつくと人を嫌いにならなくなります。

092

不自由があたりまえ。

「せっかくの外出なのに、電車が遅れている！」こんなふうに苛立つ人がいますが、おかしなことです。本来、歩くべきところを電車で行けるようになっているだけで奇跡だし、時間通りに運行されるのも奇跡。もともとは不自由があたりまえなのに、何かが整っていないと文句を言うのは愚かなことです。「自分の思うままにはならない」と受け入れてこそ、自分のなかで化学反応が起きて、学び、気づき、思考、工夫が生まれます。

093

よき友であるかが結婚の条件。

夫婦として暮らすなら、男女である前に、よき友になれる相手を選びましょう。はじまりが男女の愛情であっても、結婚生活が長くなると、激しい感情はおだやかな気持ちに変わってきます。そのとき友情が芽生えていないと、うまくいかないものです。結婚がケーキであるなら、友情はスポンジで、男女の愛情はイチゴとクリーム。スポンジだけのケーキはほっとする味ですが、デコレーションだけだとケーキではなくなってしまいます。

094

美しきものとは、腕を組んで歩く老夫婦。

初めての恋も、すばらしい愛も、かけがえのない結婚も、すれちがった恋愛も、男と女のつながりの全部のなかで一番美しいものは、腕を組んで歩く老夫婦。ダイヤモンドの美しさでもなく、格好良い車の美しさでもなく、人と人が一緒に丹念に磨き上げ、支えあう美しさがそこにはあります。

095

愛は一番身近なところから。

世界平和を考えるのは素晴らしい。大変な地域のためにボランティアをするのも素晴らしい。愛と平和のために貢献するのは大切なことです。それでも、決して忘れてはなりません。家族、パートナー、子ども、親、身近なところからラブ&ピースは始めるべきだと。一番近いところにいる人たちに愛を注ぎ、その愛が溢れ出して、やがて社会や世界に注がれていく。そんなやり方が本来の愛ではないでしょうか。目の前の人を愛さずに、世界を愛せるはずもありません。

096

許すことの力。

理不尽なことは必ず起きます。なんの非もないのに悲しみに襲われ、苦しみに刻まれることはあります。忘れたくても忘れられない傷がつくでしょう。人間にコントロールできないことは、たくさんあります。そんなとき、道は３つ。恨むか、反撃するか、許すかです。どれも傷を癒やしはしないし、問題を解決できないけれど、行き止まりにならない道は、許すという道だけです。前に進むために許すという選択肢を、もっておきましょう。

097

自分の船は自分で漕ぐ。

家族がいても会社に勤めていても、みんな自分の船を持ち、一人で漕いでいます。「誰かが漕いでくれる」とオールから手を離して待っていたら、流されてしまいます。自分の船は自分だけの船。会社に明け渡してしまうのは、人生の面白さを手放すのと同じです。誰かの船に引っぱってもらおうとしたら、大切な人の船もろとも、沈んでしまうかもしれません。それぞれが漕ぐ小さな船が一緒に進む。そんな独立精神をもちましょう。

忘れられないために。

たしかに生きた証しとは、人の記憶に残ること。突き詰めていくと、どれだけ人の役に立てたか、助けることができたか、感動を与えられたのかということでしょう。どんなにおいしい料理も役立つ工夫も、誰とも分かち合えなかったら、たまらなくさびしい。ものをつくるとき、何かを考えるとき、「これは人の役に立つだろうか？」と自問しましょう。そのうえで行動に移せば、いつか人の記憶に残ることができるはずです。

099

きれいごとを大切に。

「そんなの、きれいごとだよ。現実はそうじゃない」と考えたり言ったりすることがあります。わからなくはないけれど、やっぱり、きれいごとは大切です。「こうあると美しい」という理想や、「こうだったら素晴らしい」という希望。それがすぐに手に届かない夢であっても、むつかしい課題だったとしても、紙に書いて形にする。これだけで実体のあるものになり、いつかそのとおりになる。「きれいごとだ」と口にするのは、「あきらめます」という宣言です。

100

あなたのきほん100

001

002

003

004

005

006

007

008

009

010

011

012

013

014

015

016

017

018

019

020

021

022

023

024

025

026

027

028

029

030

031

032

033

034

035

036

037

038

039

040

041

042

043

044

045

046

047

048

049

050

051

052

053

054

055

056

057

058

059

060

061

062

063

064

065

066

067

068

069

070

071

072

073

074

075

076

077

078

079

080

081

082

083

084

085

086

087

088

089

090

091

092

093

094

095

096

097

098

099

100

松浦弥太郎(まつうら　やたろう)
1965年、東京生まれ。文筆家、「COW BOOKS」代表。雑誌『暮しの手帖』編集長を経て、クックパッド。著書に、『100の基本　松浦弥太郎のベーシックノート』、『くいしんぼう』(共にマガジンハウス)他、多数。

しごとのきほん
くらしのきほん
100

2016年３月31日　第1刷発行
2018年３月20日　第7刷発行

著　　者　松浦弥太郎
発 行 者　石﨑 孟
発 行 所　株式会社マガジンハウス
〒104-8003　東京都中央区銀座3-13-10
書籍編集部　☎03-3545-7030
受注センター　☎049-275-1811
印刷・製本　株式会社光邦

ISBN978-4-8387-2843-5 C0095

マガジンハウスのホームページ　http://magazineworld.jp/